AF450849

Des Entrepôts.

DES

ENTREPÔTS

DE DENRÉES COLONIALES

ET D'UN NOUVEAU MODE

DE LÉGISLATION COMMERCIALE

TENDANT A FAVORISER ÉGALEMENT NOS CONSOMMATIONS DANS L'INTÉRIEUR,

LES DÉBOUCHÉS DE NOS COLONIES ET LE COMMERCE DE NOS PORTS.

Par M. Garonne,

Ancien Député de la Ville et du Commerce de Cète.

PARIS,

LIBRAIRIES DE N. PICHARD, QUAI CONTI, N° 5,

ET DE PELICIER, PLACE DU PALAIS ROYAL.

1828.

Imprimerie de Marius Olive.

A LA

Chambre de Commerce

DE MARSEILLE.

Messieurs,

Ancienne colonie phocéenne, Marseille a initié la France à l'exercice du commerce et des arts. L'institution des Chambres de commerce a eu pour modèle celle de votre port. La Chambre de Commerce de Marseille, en raison de ses lumières et des importantes attributions qui lui avaient été confiées par nos Rois, s'est rendue célèbre dans l'univers entier. C'est aux sages réglemens qu'elle sut adopter, c'est à la surveillance qu'elle exerça sur le commerce du Levant, qu'alors même que la culture de nos laines était encore très négligée, la France dut, pendant plusieurs siècles, la fourniture presque exclusive des draps en Turquie & les retours avantageux qui provenaient de cette précieuse exportation.

Héritière des aptitudes de ses industrieux ancêtres, votre antique cité est encore la seule ville en France qui réunisse un grand commerce maritime à une immense industrie. Fourcroi & Vauquelin ont admiré vos vastes ateliers construits sur les dimensions les plus ingénieuses; & depuis lors, Bertholet, Chaptal, Lemercier et autres, sont venus aider la pratique de vos arts industriels chimiques de tous les avantages théoriques de la science.

En agitant une question commerciale d'un

grand intérêt pour le commerce de nos ports, je ne puis avoir de juges plus éclairés & plus compétens que vous, Messieurs, & c'est par ce motif que j'ai l'honneur de vous présenter ce Mémoire.

Ma vie entière a été consacrée à la défense des intérêts du commerce français : le commerce est le lien des nations & un des mobiles les plus puissans de leur prospérités. Il m'est doux de penser que j'ai pu lui être utile dans quelques circonstances importantes.

Agréez, Messieurs, l'assurance de la haute considération avec laquelle j'ai l'honneur d'être,

Votre très humble et très obéissant serviteur,

GARONNE.

Montpellier, ce 24 août 1828.

DES ENTREPOTS

DE DENRÉES COLONIALES

ET D'UN NOUVEAU MODE

DE LÉGISLATION COMMERCIALE

Tendant à favoriser également nos consommations dans l'intérieur,
les débouchés de nos Colonies et le commerce de nos Ports.

En l'état actuel de notre législation commerciale, des droits assez élevés sont perçus sur la consommation des denrées coloniales et sur divers produits venant de l'étranger.

Afin de contrarier le moins possible les débouchés et la consommation de ces produits, à leur arrivée en France et après vérification préalable, le gouvernement accorde au commerce la faculté de les mettre en entrepôt.

On nomme entrepôt, en style de commerce, un local vaste et commode d'où, selon l'intention du propriétaire, la marchandise peut être extraite soit pour être réexportée à l'étranger, soit pour être livrée à la consommation de la France.

Dans le premier cas, le négociant ou le propriétaire n'ont à payer aucuns droits, autres que celui d'entrepôt ou de magasinage ; dans le second, les droits de consommation sont dûs au fisc.

Ces avantages sont acquis non-seulement à l'exportation par mer de la marchandise entreposée, mais encore à l'exportation par terre, au moyen de ce qu'on nomme le *transit*.

Le transit est le complément de l'entrepôt, c'est la faculté de faire sortir de l'entrepôt, exempte de droits, la denrée ou le produit importé, et de lui faire traverser la France pour arriver à la destination d'un état étranger.

Un tel ordre de choses a dû nécessiter quelques précautions, aussi n'a-t-on pas accordé la faveur des entrepôts à tous les ports de mer ; cette faveur, pour laquelle il faut des établissemens vastes, commodes et conséquemment dispendieux, a été réservée à certains de nos ports.

Les négocians de ces ports ne sont point admis seuls à jouir du bénéfice de l'entrepôt, et pour être apte à en profiter, il ne faut point, ainsi que cela se pratiquait autrefois à Marseille pour le commerce du Levant, justifier d'un droit de cité acquis depuis un certain nombre d'années. L'entrepôt est un droit égal auquel peuvent participer les commerçans de l'intérieur comme ceux de nos ports.

Ces détails préliminaires étaient sans doute

inutiles pour les personnes que la matière inté-
resse et qui dès-lors la connaissent à fond ;
mais ici depuis peu il y a conflit entre le commerce de l'intérieur et celui de nos ports :
c'est pourquoi aujourd'hui où un ministère
bienveillant ne demande qu'à être informé ,
notre impartialité nous fait un devoir d'en ré-
férer à l'opinion publique, qui sur les matières
relatives à nos prospérités, est toujours le juge
le plus éclairé et le plus compétent.

Encore un mot et nous allons ouvrir la discussion.

A l'époque de la révolution, il n'y eut qu'un
cri pour affranchir l'intérieur du royaume de
l'exercice toujours plus ou moins inquisitorial
et vexatoire des perceptions fiscales : les douanes
furent reculées aux frontières, à la grande satis-
faction de toute la France. En l'état actuel n'est-
ce donc pas assez de l'exercice des droits réunis
et des perceptions plus minutieuses encore des
octrois municipaux, sans avoir à appréhender
de plus l'exercice des douanes !

Contribuables qui que vous soyez, que vos
affaires ou vos plaisirs font voyager dans l'intérieur de la France, qu'en pensez-vous (*) ?

(*) L'armée fiscale, destinée au service des douanes, des droits réunis, des octrois municipaux, est plus considérable et surtout mieux payée
que celle du Roi : et c'est sous un tel état de choses, qu'on propose encore d'augmenter cette armée, par l'établissement des entrepôts dans l'intérieur, auxquels toutes les villes et villages du royaume auront éga-

En 1814, le commerce de la ville de Paris fit la demande d'un entrepôt pour les denrées des colonies.

Cette demande soumise à l'examen de l'autorité administrative, fut écartée alors comme « ne pouvant se concilier avec le principe qui

lement droit de prétendre, si la faveur sollicitée par Paris lui est accordée.

Adopter ce régime nouveau, sera, dira-t-on, un premier pas fait en économie politique-théorique. C'est possible : mais, qu'en résultera-t-il ?

C'est que, cette mesure, n'ayant été prise que pour diminuer le mauvais effet des droits trop élevés qu'on s'obstine à maintenir, il faudra augmenter encore l'armée fiscale, ce qui exigera des nouvelles charges publiques ou particulières; sans parler des sommes énormes, que dans un moment où il n'est pas de ville en France qui ne croie *profitable* d'emprunter, il faudra employer en sus, pour la construction de vastes édifices, leur surveillance, des réparations indispensables, etc., etc.

Je viens de dire, avec restriction, qu'il était possible que le système des entrepôts intérieurs fut un premier pas de fait en économie politique-théorique : j'ajoute que ce premier pas pourra peut-être aussi rendre plus facile et plus prompt le second et le plus essentiel : celui qui doit assurer le triomphe des économistes et nous amener à cet état heureux où nous pourrons répéter avec eux : *laissez faire, laissez passer.*

Qu'en résultera-t-il encore ?

D'une part, les douanes au lieu d'être essentiellement regardées comme source importante de revenus publics, ne devront plus être considérées, ainsi que j'ai l'air de le répéter aujourd'hui avec tout le monde et que je crois me rappeler de l'avoir écrit, il y a quelques vingt ans, que comme régulateur commercial, destiné à faire toujours pencher un peu la balance en faveur du commerce national de préférence au commerce étranger.

Mais, dans un tel ordre de choses, que faire de notre grande armée fiscale ? Lui offrir l'hôpital pour asile, comme on a fait pour les fabricans de tabac en établissant le monopole, serait, sans doute, une grande injustice ! Lui assurer une retraite honnête......! Mais cette nouvelle indemnité coûterait encore fort cher, et le ministère actuel, le dernier budget le prouve assez bien, n'a pas d'ailleurs été traité aussi largement que son prédécesseur.

« régit l'entrepôt et surtout avec l'intérêt gé-
« néral du commerce (*). »

Elle fut reproduite avec instance en 1819 ;
à cette seconde époque, les ports de mer furent consultés : ils votèrent tous contre des
établissemens qu'ils considérèrent comme devant être infiniment préjudiciables à la navigation et au commerce maritimes.

Le conseil général du commerce voulut se
réunir pour examiner de nouveau la question.
Alors l'opposition des ports se manifesta encore
de la manière la plus positive. Les uns refu-
sèrent d'envoyer des députés au conseil ; d'autres y en envoyèrent, mais avec l'ordre formel
de protester contre les opérations du conseil,
par le motif que l'intérêt des villes maritimes
n'était pas suffisamment représenté.

D'après une telle opposition, tout semblait
devoir être terminé. La question vient d'être
agitée une troisième fois par le commerce de
Paris, qui presse vivement M. le ministre du
commerce et des manufactures de prendre une
décision à ce sujet.

Entrons en matière en suivant l'ordre méthodique que la ville de Paris a donné à cette
discussion.

On a considéré les entrepôts en général sous
le rapport du droit naturel et civil ;

(*) Ferrié.

De l'intérêt général du commerce et de la
navigation ;

De l'intérêt général de l'industrie ;

De l'intérêt de l'état ;

De l'intérêt des ports de mer.

§ Ier.

DES ENTREPOTS

SOUS LE RAPPORT DU DROIT NATUREL ET DU DROIT CIVIL.

On invoque le droit naturel.

Mais dans le droit naturel il n'y a pas d'entrepôt. La fiscalité est un produit de la civilisation.

Le commerce dès qu'il s'éloigne des échanges
et des besoins que la nature a assignés à chaque
individu, à chaque localité, sort du droit naturel pour entrer dans le domaine du droit
civil.

Le droit civil est le réglement du droit naturel modifié dans l'intérêt de la société.

Il était assurément contraire au droit naturel
que la sortie des laines fut prohibée en Angleterre, et néanmoins cette prohibition a eu lieu
pendant long-temps en faveur de l'industrie
anglaise.

Certes, en imposant certaines consommations
on atteint la généralité des habitans pour favoriser une classe particulière de la société, et

bien qu'on puisse objecter que sans droits et sans prohibitions la consommation eût été plus considérable, néanmoins ici encore le droit naturel a été modifié par le droit civil, au détriment des consommateurs, pour favoriser la production.

Et comme des droits élevés, perçus sur les denrées coloniales dans l'intérêt de nos colonies et au profit de l'état, ont dû avoir pour résultat de diminuer la consommation générale, et que cette diminution devait elle-même avoir pour conséquence de diminuer aussi le nombre des armemens et les transports maritimes, c'est pour atténuer le préjudice ainsi occasioné au commerce maritime, que l'état a accordé à certains de nos ports la faveur des entrepôts de douanes; que par ce motif et quelques autres considérations, telles qu'une surveillance plus facile et moins coûteuse pour la répression de la fraude, les dépenses à faire pour la construction d'établissemens convenables, etc., il a refusée au commerce de l'intérieur.

Toute la question est là, et la discussion pourrait dès-lors être ici terminée.

Le moyen de rendre à chacun son droit naturel serait, d'une part, de supprimer les prohibitions maintenues dans l'intérêt de l'industrie, et de l'autre, de supprimer les droits qui sont perçus sur les denrées coloniales pour favoriser l'agriculture de nos colons.

Alors les consommateurs ne seraient plus grevés des primes à accorder à l'industrie métropolitaine ou à la culture coloniale, et les ports de mer rentreraient aussi dans tous les avantages de leurs localités et de leurs aptitudes.

S'ensuit-il qu'il ne faille pas favoriser l'industrie manufacturière ? Qu'il ne faille rien faire dans l'intérêt de nos colonies et de l'industrie maritime, c'est-à-dire, de la navigation?

Paris, en son nom et en celui des autres villes de l'intérieur, réclame le droit naturel.

Mais le commerce maritime n'a pas besoin d'autre chose, n'exigera rien de plus.

Rendez-lui dans toute leur latitude les avantages naturels qu'il tient de ses localités, avantages que vous avez détruits en partie en établissant des droits élevés qui apportent plus ou moins d'entraves à ses opérations, qui diminuent la consommation des denrées ou des produits imposés, et il renoncera bien vite à une faveur particulière devenue dès-lors inutile, faveur qui, indépendamment d'autres contrariétés, donne lieu, en ce moment, à des frais de magasinage et de surveillance plus ou moins dommageables.

Obtenez la suppression des droits, et nous verrons bientôt si le spéculateur de Paris, malgré les avantages des capitaux, celui du jeu et tous autres qui lui sont propres, pourra lutter, à égalité de chances, contre le négociant de nos ports qui aura l'expérience des opérations minutieuses et compliquées qu'exigent les armemens, qui fera construire ses vaisseaux sous ses yeux, en donnera le commandement à un de ses familiers, pourra confier la direction de l'expédition à son fils, son neveu ou tout autre de ses proches.

Les entrepôts intérieurs, objectera-t-on, ne priveront l'armateur d'aucun de ces avantages.

Les entrepôts intérieurs paralyseront au contraire tous ces avantages, car la consommation restant également imposée, ils tendront, en dernière analyse, à enlever aux ports de mer le grand marché national, pour le transporter sur le lieu de la consommation ; et c'est ce qui a déjà été observé lorsque les besoins pécuniaires de nos armateurs ou le désir de tenter cette ressource nouvelle, a mis des armateurs dans le cas de recourir au marché de Paris. On a vu alors le marché de la capitale offrir continuellement à ces armateurs des chances très défavorables, puisque la denrée y a été alors à plus bas prix que dans nos ports.

N'a-t-on pas l'expérience de ce qui se passe habituellement à Paris, à l'égard du savon, qu'on dit à bon droit être la caisse d'escompte des marchands de la capitale? Le savon n'est-il pas très souvent à plus bas prix à Paris que sur le grand marché de Marseille? Pourquoi cela? C'est qu'en général il s'y vend comptant, et il en sera de même du café.

En dernière analyse, vouloir maintenir l'ordre actuel pour la perception des droits et le changer par la concession des entrepôts intérieurs, c'est là évidemment une prétention d'intérêt privé qui, lors même qu'elle ne devrait pas être aussi contraire à nos ports que ce que le commerce maritime l'appréhende, devrait encore être ajournée par les motifs que nous aurons à développer dans la suite de cette discussion.

Nous avons dit que le propre de l'entrepôt consiste essentiellement dans la faculté de réembarquer la marchandise pour l'étranger, sans payer aucun droit autre que les frais d'entrepôt.

A cette faculté de faire sortir la denrée ou le produit par mer, on veut ajouter celle de la faire aussi sortir par terre.

C'est bien assez, dit-on, que l'entrée par terre soit prohibée et que la faveur de l'importation soit accordée aux ports de mer.

Mais qui ne voit d'abord que l'égalité de droits, entre la voie de mer et celle de terre, détruirait ici une partie des avantages qu'on a voulu accorder aux ports de mer, avantages qui ont le double but de favoriser la navigation, genre d'industrie aussi indispensable à la

France pour la défense de ses côtes et les armemens de la marine de l'état, que l'industrie manufacturière peut l'être aussi à nos prospérités ! Qui ne voit en outre que cette égalité
pourrait favoriser des versemens clandestins et
frauduleux, qu'elle donnerait lieu à des dépenses considérables pour la construction d'établissemens assez vastes pour ces divers objets,
pour la surveillance de ces établissemens, etc.

De toutes les mesures prises pour s'opposer
aux versemens en France de denrées ou de marchandises anglaises, belges, hollandaises, par
nos frontières du Nord, celle qui a excité le plus
de plaintes et de mécontentemens de la part
de la Belgique, après sa séparation avec la France,
est la prohibition d'introduire par terre les su-
cres et les cafés ; car, dès-lors, la contrebande
qui se faisait journellement par ces parages a
été paralysée.

On a tourné en plaisanterie l'idée émise par
M. Duvergier de Hauranne, que l'entrepôt n'était
qu'une fiction, suivant laquelle une marchandise est encore censée sur le territoire étranger
ou sur le navire qui l'apporte et peut la rem-
porter.

Si la fiction est admise à Rouen et à Lyon,
a-t-on dit, elle peut bien remonter la Seine
jusqu'à Paris ; et en ce cas, on ne vous demande
qu'à ménager à la voyageuse des lieux de repos.

soit à Paris, soit à Orléans, soit enfin partout où la convenance et son utilité s'accorderaient.

Parlons d'abord de la fiction, nous nous occuperons ensuite des deux exceptions opposées.

La preuve que l'entrepôt n'est qu'une fiction de territoire étranger, c'est que la marchandise est soumise aux droits dès qu'elle sort de l'entrepôt pour être consommée dans l'intérieur, et nous ajouterons que le transit qui complète l'entrepôt, n'est lui-même à son tour que le territoire étranger *ambulant*. Prétendez-vous que le voyageur ait sur sa route des lieux de repos où il puisse rester à sa convenance et à son utilité? Le moyen est bien simple : faites cesser la fiction de territoire étranger, acquittez les droits imposés pour la consommation du territoire national, et dès-lors vous serez admis aux avantages de cette consommation.

Quant aux entrepôts accordés à Rouen et à Lyon, ce sont là deux exceptions dont l'une, celle pour Rouen, indépendamment de ce qu'elle a tendu à favoriser Paris, en rapprochant l'entrepôt de la consommation, s'écarte peu en outre de la règle générale, puisque les navires de la portée de près de deux cents tonneaux, arrivant par mer, peuvent monter jusqu'à Rouen sans rompre charge; l'autre exception, celle accordée à Lyon à la suite de plusieurs années de guerre maritime, a eu lieu pour donner quelques facilités et un peu plus d'encouragement aux relations de déférence que le gouvernement consulaire ou impérial venait d'imposer à la Suisse et à l'Italie, et a acquis aujourd'hui bien d'autres avantages.

Que conclure d'ailleurs de ces deux exceptions qui ne soit contraire aux moyens invoqués par Paris ! Comment concevoir en effet que si l'entrepôt est aussi indispensable à la prospérité du commerce de la capitale qu'on veut le donner à entendre, Paris n'ait pas fait un usage moins rare de l'entrepôt de Rouen qui est si fort à sa portée ! On va et on revient aujourd'hui très facilement en 24 heures, et à bien peu de frais, de Paris à Rouen; or, ce n'est pas là un grand inconvénient pour des affaires un peu majeures et qu'on peut d'abord traiter sur échantillons, lorsque par ce moyen on peut éviter les frais de commissions sur les achats et les reventes. Ces sortes d'opérations peuvent donc en l'état actuel être faites diversement par le spéculateur ou le propriétaire de la denrée coloniale et le marchand de Paris, à l'aide d'un courtier qu'il faut payer d'ailleurs en général à Paris comme au Havre, et dès-lors la légère contrariété que ce court déplacement peut occasioner au commerce de Paris, ne peut être mise en parallèle avec les graves inconvéniens que pourrait entraîner, au préjudice de nos ports, la modification proposée au système actuel des entrepôts maritimes.

Il n'est personne désintéressée à la chose qui ne pense sans doute, d'après cet exposé, que sous le rapport de la consommation intérieure, l'entrepôt de Rouen peut suppléer celui que sollicite en ce moment Paris (*). Il ne sera pas plus difficile de prouver en outre que, sous le rapport des débouchés dans la partie du territoire étranger qui nous est contigüe par terre, cet entrepôt de Paris devient inutile au moyen de celui dont Lyon est en pleine jouissance.

Il ne faut pour cela que jeter un coup-d'œil sur une carte de France.

La Manche, l'Océan et la Méditerranée baignent nos frontières sans interruption au nord, à l'occident et au midi, depuis Dunkerque jusqu'à Bayonne, ports qui, en l'état actuel, jouissent, ainsi que le Havre, Bordeaux, Nantes, etc., d'autant d'entrepôts. Les Pyrénées nous séparent ensuite de l'Espagne, et la Méditerranée s'étend sur nos côtes méridionales depuis le Roussillon jusqu'après la Provence.

(*) Sans doute, l'entrepôt serait un avantage pour Paris comme il l'est pour les ports de mer : mais y a-t-il donc un si grand inconvénient (en l'état actuel) à laisser ces ports en jouissance de la petite faveur qui leur a été accordée? et lorsque d'une part les capitaux manquent au commerce maritime, que de l'autre, Paris qui en regorge, désire autant d'être admis au commerce de nos colonies, comment concevoir qu'il ne se forme pas un plus grand nombre de comptes en participation entre Paris et nos ports, si réellement nos consommations sont encore si inférieures à ce qu'elles devraient être?

Sur nos frontières de terre, vers l'orient, Lyon se trouve justement situé entre l'Italie et la Suisse; dès-lors Lyon, où aboutissent et le Rhône et la Saône, est devenu, s'il est possible de s'exprimer ainsi, le port continental situé sur nos frontières et celles de ces deux états voisins, et comme cette ville n'est qu'une succursale de l'entrepôt de Marseille, il suit naturellement que Lyon ainsi rapproché de la Suisse et de l'Italie, états auxquels il sert également d'entrepôt pour les soies indispensables à ses grandes et riches fabrications, ainsi que pour d'autres produits étrangers, en raison d'un éloignement beaucoup moindre, communique entre ces états d'une manière bien plus prompte et beaucoup plus économique que ne pourrait le faire Paris. Dès-lors, du moins pour la Suisse et pour l'Italie, l'entrepôt de Lyon rend celui de Paris à peu près inutile; et relativement à l'Allemagne, Paris devrait s'attendre à trouver le même obstacle à Strasbourg.

§ II.

DES ENTREPOTS INTÉRIEURS,

CONSIDÉRÉS SOUS LE RAPPORT DE L'INTÉRÊT GÉNÉRAL DU COMMERCE
ET DE LA NAVIGATION.

Les partisans du système des entrepôts intérieurs avancent que ces sortes d'établissemens,
ajoutés à ceux des ports de mer, contribueront
à multiplier les avantages qui proviennent de
l'abondance des capitaux, de l'affranchissement
des droits, des importations de matières premières, des débouchés de leur superflu et de
l'exportation des produits agricoles et industriels.

Ce qui vaudrait mieux encore, sans doute,
pour les villes de l'intérieur, serait la suppression des droits qui ont nécessité l'établissement
des entrepôts maritimes, et cet avantage pourrait s'accroître de la suppression des droits plus
élevés qui sont perçus sur les denrées coloniales
ou les produits étrangers tranportés en France
par navires étrangers.

C'est alors que le commerce rentrerait dans
son *droit naturel*, que la théorie des partisans
du système nouveau serait complète; c'est alors
qu'on multiplierait véritablement les avantages
qui proviennent de l'abondance des capitaux,
de l'affranchissement des droits, etc.

Malheureusement, en l'état actuel, les besoins

du gouvernement, l'intérêt de nos colonies, celui de notre navigation, s'opposent à l'accomplissement de ces vœux.

Les besoins de l'état exigent des impôts : l'intérêt de nos colonies veut que les denrées analogues exotiques soient plus ou moins repoussées de nos marchés par des droits plus élevés, et l'état actuel de détresse de nos ports, provenant des pertes que la révolution et une longue guerre ont fait éprouver à notre navigation, nous prescrivent impérieusement quelques précautions, jusqu'à des circonstances plus favorables.

Eh ! qu'on ne perde pas de vue ensuite que la faveur des entrepôts maritimes n'est point exclusive aux négocians de nos ports, que les négocians de l'intérieur peuvent y être admis à droits égaux, et sans autre charge que la commission d'armement, qu'ils seraient hors d'état de faire eux-mêmes.

Que dès-lors, au moyen de cette simple commission, le négociant de l'intérieur peut prendre part au commerce maritime, avec des chances égales, sans être plus grevé de frais que n'a à en supporter le négociant des ports, lorsque les circonstances lui suggèrent le désir ou lui imposent la nécessité de recourir aux marchés de l'intérieur, et l'on restera parfaitement convaincu que maintenir l'ordre actuellement existant, est ce que le gouvernement peut faire de mieux en faveur du commerce et de la navigation maritimes.

C'est ici le cas d'agiter une question accessoire, sur laquelle on a beaucoup disserté, de part et d'autre, et que chaque contendant a défini à sa manière.

Que faut-il entendre par ce mot *spéculation ?*

Sans doute, dans l'acception rigoureuse, tout achat fait dans l'espoir d'une revente lucrative, est une spéculation; mais cette définition est par trop générale; tâchons d'en limiter ou d'en mieux préciser le sens.

La spéculation est une chose relative dont l'importance varie en raison des localités et de leur étendue. Le port de mer situé sur les frontières d'un état, est par cela même au centre de plusieurs royaumes étrangers. La ville de l'intérieur, au contraire, ne peut former qu'un point central plus ou moins éloigné de la circonférence du pays dont elle fait partie.

Ce point central n'est qu'un rayon limité, transportez-le à la circonférence, et vous aurez un rayon qui aura le monde entier pour limites.

De là deux sortes de spéculations : l'une ayant pour objet les besoins ou les consommations du rayon borné d'un état quelconque, l'autre embrassant le rayon beaucoup plus étendu des besoins ou des débouchés de l'univers.

La première, que nous désignerons sous le nom

de *spéculation maritime*, embrasse la connaissance la plus étendue des pays les plus éloignés,
de l'idiome, des mœurs, des lois, des usages,
du régime fiscal, des produits, des consommations et des débouchés des divers peuples avec
qui le commerce maritime a la latitude d'en-
tretenir des rapports et de favoriser des échanges.

Le second genre de spéculation, limité en général à la consommation du pays, n'exige que
la connaissance de ce qui se passe dans des alen-
tours infiniment plus restreints. Telle est, en
général, la spéculation qui a lieu dans l'intérieur.

La spéculation maritime ayant des élémens
beaucoup plus étendus, et agissant à des distances bien plus grandes, emploie des moyens de
transports plus économiques et d'une capacité
bien plus grande. Aussi a-t-elle pour auxiliaire
la navigation maritime, tandis qu'en raison des
localités et de vues commerciales bien moins
étendues, le roulage ou la navigation fluviale
suffisent à la seconde.

Avant que des idées d'égalité mal comprises
eussent tourné bien des têtes en France; dans
ces temps pénibles, sans doute, pour certains
amours-propres, où il n'y avait d'artistes que
les personnes vouées à l'exercice d'un art plus
ou moins relevé, de professeurs que celles qui
enseignaient une science plus ou moins utile,
les ports de mer étaient considérés comme villes

de commerce, et tous les autres lieux de l'intérieur, selon leurs situations et les aptitudes variées de leurs habitans, comme villes manufacturières ou de consommation. Ainsi, Bordeaux était le chantier par excellence de la navigation de long cours; Nantes, par l'économie de ses armemens et les produits avantageux de quelques fabriques de Bretagne, le principal port de nos colonies d'Amérique ; La Rochelle participait à ce brillant commerce; Marseille jouissait exclusivement du commerce du Levant, et partageait avec Bayonne et Dunkerque celui des franchises; St-Malo armait pour la grande pêche; Toulon et Lorient recevaient en retour les riches produits de l'Inde ; Céte, port de jonction encore incomplète des deux mers , avait une marine qui signala son zèle pour le transport de nos produits vignobles, en donnant même à Bordeaux le premier exemple d'un navire français expédié directement en Russie (*). Nous avions des ports pour un petit cabotage étendu : Lyon, Rouen, Amiens, Tours, Nîmes, etc., etc., étaient considérés comme villes essentiellement manufacturières; quelques-unes de nos grandes cités, telles que Lille, Strasbourg, etc. , en raison de leur localité et de l'abondance de leurs produits ruraux, voyaient leur prospérité s'accroître par le séjour de garnisons nombreuses, et

(*) Du Commerce français, par Dubois.

Paris, dont le luxe et le progrès des arts stimulent aujourd'hui l'industrie, passait avec raison pour une ville cambiste importante, et surtout d'un grand trafic de consommation.

Des troubles politiques, dont nous n'avons à examiner ici ni les causes ni les brillans résultats, renversèrent momentanément cet ancien édifice de nos prospérités publiques, et dans cette violente secousse, à laquelle une rivalité ambitieuse et jalouse ne resta pas étrangère, le commerce maritime qui brillait d'un si grand éclat fut mortellement atteint, nos ports furent fermés, les plus odieuses réquisitions de papier sur l'étranger, la loi du maximum, une foule d'autres vexations affectèrent plus spécialement nos marchés maritimes qui étaient le mieux approvisionnés du royaume. Alors la nécessité de faire valoir le peu de capitaux qui avaient pu être sauvés du naufrage, les besoins de la capitale où tout se concentrait, une étude plus approfondie des ressources du commerce, considéré dans ses relations avec le monde entier, attirèrent à Paris un certain nombre de négocians de nos ports, qui vinrent y jouir des avantages et de la plus grande sécurité que dans ces temps néfastes présentait encore le séjour de la grande cité. Plus familiarisés aux véritables idées commerciales, ne se sentant pas en état d'entrer en concurrence avantageuse avec les banquiers de Paris, pour tout ce qui tenait aux changes et aux arbitrages, et cherchant à établir des relations plus solides ou plus analogues à leurs aptitudes, ces négocians portèrent plus particulièrement leurs vues vers un genre de commerce que l'ancienne banque, plus flattée de ses analogies avec les idées financières, avait jusque-là dédaigné, celui de la consignation de marchandises, et concoururent puissamment à l'idée assez naturelle, vu l'inactivité de nos ports, de faire de Paris le seul grand marché de la France.

Tout cela provenait du temps, et un peu plus tard se trouva lié aux vues ambitieuses du chef de l'état, et Paris comme siége du gouvernement, en raison de ses centralisations, du mouvement imprimé aux effets publics, des fortunes rapides faites par des personnes assez souvent inconnues que le talent ou le hasard poussaient subitement aux grands emplois, en raison des richesses rapidement acquises par ses fournisseurs, et tant d'autres individus accoutumés à tenter des entreprises hardies, vit se former dans son enceinte des relations nouvelles très multipliées et très étendues.

L'ambition de Napoléon, si bien secondée par le courage et le dévouement de l'armée, par l'émulation et le génie des agens jaloux d'y prendre part qu'il initiait à sa puissance, donnèrent lieu à des prodiges de tout genre, et un de ces

prodiges le plus extraordinaire, fut de faire de
Paris la capitale de l'industrie continentale euro-
péenne.

Mais à travers tant de gloire et de si brillans
succès, notre marine avait été anéantie et nos
ports restaient constamment déserts ou très peu
fréquentés.

Le retour de nos princes, la paix générale de
l'Europe, l'ouverture de nos ports et la nécessité
de suppléer enfin à l'insuffisance de notre marine
marchande, doivent nécessiter des mesures nouvelles qui ne sauraient être trop méditées.

Or, il est assurément bien digne de remarque
que Paris puisse élever aujourd'hui une prétention à laquelle le commerce de cette immense
cité n'avait jamais songé au temps de la plus grande
puissance de Napoléon, et alors que le blocus
continental et l'inactivité presque complète de
nos ports eussent pu lui en suggérer l'idée, il est
assurément bien digne de remarque que dans
cette singulière prétention, Paris qui prend l'initiative pour les autres villes de l'intérieur, parce
qu'en raison des avantages de tout genre qu'elle
possède elle craint peu leur concurrence, n'hé-
site pas à dire que les entrepôts intérieurs favo-
riseront les intérêts du commerce et de la navigation. Cela peut être vrai pour le trafic de la
consommation et pour la navigation tortueuse
de la Seine, mais ne saurait l'être également pour

le commerce et la navigation maritimes, sans
donner lieu à de graves inconvéniens que cet
écrit a pour but de démontrer.

Dans un mémoire publié en 1819, j'ai déjà
signalé l'état de détresse de nos ports, ou tout au
moins l'insuffisance de notre marine marchande
actuelle : j'ai cité un fait bien important à étudier.

En 1819, cent soixante-douze navires chargés
de divers produits, en grande partie de notre
sol ou de notre industrie, ont été expédiés de
divers ports de France pour Anvers. Sur ce nombre de 172, trente-quatre seulement apparte-
naient au commerce français, tout le reste était
étranger.

Depuis lors, un des partisans du système des
entrepôts intérieurs, dont les citations acquiè-
rent une grande autorité en raison de sa profes-
sion, de ses connaissances et de son esprit inves-
tigateur (*), a présenté le résultat suivant des
exportations annuelles faites par l'Angleterre,
les Etats-Unis et la France.

Au 30 septembre 1822, la marine marchande

(*) Du commerce extérieur et de la question d'un entrepôt à Paris, par
M. D. L. Rodet ; *Paris*, 1825.

Déjà, par son discours prononcé le 2 juin 1823, à l'Académie des
Sciences, à Paris, M. Ch. Dupin, au zèle éclairé de qui la France
doit de si importantes recherches et de si utiles travaux, avait donné
l'aperçu suivant :

22,300 navires marchands, montés par 160,000 hommes, et capables
de porter 2,000,000 de tonneaux de marchandises.

d'Angleterre se composait de 24,642 navires enregistrés, jaugeant 2,519,044 tonneaux et montés par 166,333 hommes.

En 1823, le tonnage général des navires appartenant aux Etats-Unis d'Amérique s'élevait à 1,372,218 tonneaux, dont 800,759 étaient employés au-dehors et le reste au cabotage extérieur.

Dans les quatre années 1819, 20, 21 et 22, il est sorti d'Angleterre, pour le commerce extérieur, (quantité moyenne de ces quatre années) :

ci............ 2,245,474 tonneaux en navires anglais.
410,524 » » étrangers.

En l'année qui a fini le 30 septembre 1823, il est sorti des Etats-Unis d'Amérique :

810,761 tonneaux en navires américains.
119,749 » » étrangers.

Voici ce qui a eu lieu d'analogue en France pendant les trois années 1820, 1822 et 1823 :

En 1820, sortis 308,063 tonneaux en navires français.
311,025 » » étrangers.
En 1822, sortis 282,358 » » français.
360,571 » » étrangers.
En 1823, sortis 240,048 » » français.
396,310 » » étrangers (*).

En laissant de côté le tableau, trop affligeant sans doute, de l'état de notre marine marchande, comparativement à celle de l'Angleterre et des Etats-Unis d'Amérique, la première conséquence qui dérive des calculs que nous venons de pré-

(*) Rodet.

senter est que, pendant les trois années 1820, 1822 et 1823, l'exportation de nos ports a diminué de plus en plus, et est tombée graduellement de 308,063 à 240,048, différence en moins 63,015 tonneaux, c'est-à-dire, plus d'un cinquième.

Il est du moins très digne de remarque, qu'ici la progression décroissante du commerce extérieur a été en raison inverse de la progression des dépenses à faire pour une guerre qui a nécessité l'avance de 80 millions, dont la rentrée ne sera pas facile et qui, jusqu'ici, n'a guères eu d'autre résultat que de prolonger les troubles chez un peuple étranger. Ces 80 millions, avancés à titre d'encouragement à l'industrie ou au commerce maritime, eussent eu un emploi plus direct et qui nous eût été bien plus profitable.

En prenant pour base la dernière année, celle de 1823, on voit que l'exportation faite des ports d'Angleterre, par navires étrangers, a été de 410,524 sur 2,245,474 tonneaux de navires anglais; celle des Etats-Unis de 119,749, seulement sur 810,761, tandis que celle de la France a été de 396,310 tonneaux étrangers sur 240,048 français; ainsi

PROGRESSION pour l'Angleterre.	Marine anglaise......................	5
	Marine étrangère, à peu près........	1
PROGRESSION pour les Etats-Unis.	Marine nationale	8
	Marine étrangère, un peu plus de....	1
PROGRESSION pour la France.	Marine française....................	3
	Marine étrangère	13

Or, si en l'état actuel où il n'y a d'entrepôt que dans certains de nos ports, qui ont ainsi un marché plus considérable de denrées coloniales ou de produits étrangers, les négocians de ces ports ont si peu de moyens d'armer un plus grand nombre de navires, comment admettre qu'ils acquerront une plus grande latitude de ce genre par la concurrence des villes de l'intérieur, qui tendra, il est impossible d'en douter, à leur enlever tout ce qu'elles pourront des bénéfices actuels ?

On répond à cette objection, que la facilité que ces villes auront de mettre la denrée plus à portée de la consommation, donnera lieu à une masse d'affaires infiniment plus considérable.

Mais en l'état actuel, c'est là une assertion plus conjecturale que positive.

En premier lieu, les besoins de la consommation ont des bornes, et aujourd'hui où le prix des denrées coloniales (le sucre, le café) en France, malgré la perte de Saint-Domingue, celle de l'Isle-de-France, est à peu près le même qu'à l'époque de la révolution, ces besoins ne sauraient trop dépasser certaines limites.

Nous ne nous dissimulons pas que ce principe est combattu par l'école économico-politique moderne qui a une autre théorie; mais les théories de ce genre sont quelquefois démenties par les faits.

L'économie politique est d'ailleurs en différend sur ce point avec une science plus exacte, la chimie, qui admet la loi de la saturation.

En second lieu, il est évident que les entrepôts de l'intérieur pourront bien nuire à ceux de nos ports pour les débouchés de l'intérieur, mais ne pourront jamais lutter contre eux pour les débouchés de l'étranger, qu'avec le désavantage des frais de transport indispensables pour que les marchandises arrivées dans nos ports soient transportées à l'entrepôt intérieur et de là aux frontières.

L'entrepôt de Lyon, dont on cherche à faire un titre aux entrepôts de l'intérieur, n'est pas un entrepôt de ce genre, puisque Lyon est sur la frontière de la Suisse et de l'Italie ; aussi cet entrepôt est-il dans une catégorie toute différente de ceux dont on essaye en vain de démontrer la nécessité dans l'intérieur.

Nous ne terminerons pas ce paragraphe sans déplorer ici de nouveau le préjudice qu'occasione à la navigation et à l'industrie de la France un monopole contraire à nos institutions, contre lequel de milliers de voix se sont, à plusieurs reprises, élevées vers les chambres. Comme marchandise de fort encombrement et de bas prix, le tabac est un des articles étrangers qui pourrait fournir, à notre navigation, le plus de moyens de transports en même temps

que par les manipulations qu'il exige pour être
converti en poudre ou en tabac à fumer, il pourrait fournir à l'industrie des élémens de travail
aussi nombreux pour la consommation de l'intérieur que pour les débouchés de l'étranger,
auxquels le monopole ne pourra jamais prétendre. Nous n'avons à nous occuper ici de cet arti-
cle que sous le rapport de la navigation : par
notre *Compte-courant* entre *le monopole du tabac et la France*, publié à Paris, *Plassan*, 1824,
nous avons démontré le tort infini que ce monopole fait éprouver à la France. Le tabac est
un des articles qui pourrait le plus favoriser
notre navigation, espérons du moins que nos
vœux, à cet égard, seront un jour accueillis (*).

§ III.

DES ENTREPOTS,

CONSIDÉRÉS DANS L'INTÉRÊT GÉNÉRAL DE L'INDUSTRIE.

Nous venons de dire que les besoins de la consommation ont des limites qu'ils ne sauraient trop
dépasser, et c'est le cas d'ajouter ici que, parmi
les denrées ou les produits étrangers destinés

(*) Nous ne parlons ici du tabac que dans ses inconvéniens relatifs à
la navigation, nous étant réuni à tout ce qu'il y a d'éclairé en France
pour flétrir ce monopole odieux dans tout ce qu'il présente de contraire à
l'équité, à l'intérêt des producteurs et des consommateurs, à celui même
du trésor, dans l'ouvrage publié en 1824 sous le titre indiqué ci-dessus.

à jouir de la faveur des entrepôts, il en est surtout dont la France a plus d'intérêt à restreindre
qu'à favoriser la consommation dans son intérieur.

On s'est moqué dans l'origine, et quoiqu'un
peu chimiste nous-mêmes avons eu ce tort un
instant, des essais faits pour obtenir du sucre
de la betterave, et néanmoins l'analyse chimique
a prouvé depuis lors que ce sucre est identi-
que avec celui de canne, et peut parfaitement
entrer en concurrence avec lui.

Relativement au café, depuis la perte de Saint-
Domingue, la France a infiniment moins d'intérêt à multiplier aujourd'hui, dans son intérieur, la consommation d'une denrée exotique
de ce genre.

Le sucre brut, comme marchandise de fort
encombrement, peut du moins donner lieu à
des transports favorables à notre navigation, et
comme formant un produit susceptible d'être
raffiné, devenir un élément de travail profitable à notre industrie; mais le café n'a évidemment ni l'un ni l'autre de ces avantages.

Quant au coton, il n'y a eu qu'un intérêt opposé
à ceux du continent qui ait pu chercher à mettre

L'approbation entière et l'assurance de faire usage de nos observations à
la tribune qui nous fut donnée par feu le comte Foy, à qui nous en
remîmes un exemplaire, ont été la plus douce récompense de notre
travail, et nous ont déterminé à réserver une grande partie de l'édition
de cet écrit pour être mise sous les yeux du gouvernement et des chambres, à l'époque prochaine de l'expiration de ce monopole.

en vogue en Europe un produit de ce genre
étranger, au préjudice de ceux qui étaient aupa-
ravant confectionnés avec des matières premières
indigènes, telles que la soie, le lin, la laine,
etc. (*).

(*) La révolution industrielle, qui a été opérée à ce sujet en Europe,
a été d'une si grande importance pour les Anglais qui l'ont effectuée,
que nous croyons devoir extraire d'un de nos ouvrages encore inédit le
passage suivant :

« Le coton, ce produit industriel, était alors (1560) peu connu ou
du moins n'était encore employé par aucun procédé mécanique.

« Il n'y avait qu'un intérêt opposé à ceux du continent qui pût chercher à mettre en vogue en Europe un produit étranger au préjudice de
produits indigènes. Il fallait des circonstances heureuses, beaucoup de
persévérance, une grande supériorité d'industrie, une influence positive
sur l'esprit des autres peuples pour renverser les modes généralement
adoptées, et parvenir à substituer aux brocards d'or et d'argent, aux
velours et autres étoffes de soie, toutes également riches et élégantes, ces
légers tissus de coton qui les ont enfin remplacés.

« Les Anglais ont opéré cette révolution : ils ont dû les circonstances
heureuses à leurs conquêtes dans les Indes; leur caractère froid et rai-
sonné les a rendus susceptibles d'une grande persévérance; leur génie et
les encouragemens de leur gouvernement ont contribué à perfectionner
leur industrie; et parvenus à jouir d'une constitution, le peuple qui seul
sur la terre pouvait se dire libre, a dû s'élever un instant au-dessus de
tous les autres et exercer une influence plus ou moins générale sur leur,
opinions comme sur leurs costumes. C'est l'amour de la liberté qui a
causé l'anglomanie sur le continent. Aussi l'anglomanie cesse-t-elle partout où la liberté s'affermit. Mais, il faut le dire ici franchement, tout
cela n'eût pas encore suffi sans le patriotisme et peut-être aussi la co-
quetterie des Anglaises. Si, de nos jours et après une guerre générale
qui a fait cesser pendant long-temps toute espèce de communication entre
le continent de l'Europe et l'Angleterre, au retour de la paix, nous
avons vu ces belles insulaires tenir autant par esprit national à un costume suranné ; si, au risque de paraître moins bien faites et moins jolies,
elles ont persisté si long-temps à conserver la longue taille de leurs robes

Ce n'est pas que nous entendions nier, de bien s'en faut, les avantages qui peuvent provenir d'opérations industrielles, au moyen des-

et les formes applaties de leurs petits chapeaux, avec quel empressement les Anglaises n'ont-elles pas dû adopter, dès l'origine, l'usage d'étoffes nationales qui faisaient ressortir l'élégance de leur taille, et leur permettaient aussi de varier infiniment leur costume.

« Cependant quelques obstacles s'opposèrent à l'adoption d'une mode qui présentait un attrait plus général : l'étiquette des cours et son influence sur les premières classes de la société devait être très prépondérante. La révolution de 1648 survint, et mit les Anglais à même de s'affranchir d'une partie de cette gêne. Dès l'instant où il ne parut plus inconvenant de se rendre au parlement en frac et en bottes, comment les Anglaises ne se seraient-elles pas empressées de s'affranchir du costume embarrassant qui de la cour était passé à la ville, de ces énormes *paniers*, de ces grandes *engageantes* et de tant d'autres modes, vestiges de l'orgueil et de la vanité féodale ! Les *dauphines* et quelques autres étoffes de soie de Lyon avaient le double inconvénient de coûter cinquante fois plus et de nuire à l'élégance des formes d'une jolie taille qu'un léger tissu fait toujours beaucoup mieux ressortir. Dès-lors, les femmes durent préférer cinquante robes qui les habillaient bien à une seule qui les privait d'une partie de leurs grâces. La mode vaincue, que pouvait l'étiquette, hors le cas de grande représentation ?

« Ces premiers succès obtenus, les Anglais prétendirent à de plus grands avantages, et après avoir fait presque entièrement cesser l'usage des brocards et des étoffes de soie, ils cherchèrent à fournir exclusivement le continent des étoffes qu'ils étaient parvenus à mettre en vogue. Le grand marché des tissus de l'Inde suggéra la première idée des mécaniques, devenues indispensables d'ailleurs pour lutter avec plus de facilité contre la concurrence des mêmes tissus faits en France, où la main-d'œuvre, quoique plus chère que dans l'Inde, était encore à bien plus bas prix qu'en Angleterre. La France ayant une population considérable, avait moins d'intérêt à l'établissement des mécaniques contre lesquelles s'élevèrent les chambres de commerce de Rouen et d'autres villes manufacturières. Aussi, avant la révolution, à la suite du traité de commerce qui eut lieu en 1784, la supériorité des Anglais fut-elle généralement prouvée, du moins par la finesse et le bas prix de presque desquelles on convertit une matière première en un produit raffiné ou confectionné. Mais pour celles de ces opérations qui ont pour objet une denrée ou un produit étranger à confectionner ou à raffiner, il est encore évident que les fabriques ou les raffineries établies dans le voisinage des ports doivent avoir de grands avantages sur celles de l'intérieur.

Toutes les fois qu'il s'agit d'établir une fabrication quelconque, le véritable intérêt général de l'industrie est de subordonner les ambitions privées aux convenances de localité ou autres qui doivent concourir à faire prospérer cette fabrication, si l'on a surtout la

tous leurs tissus. La guerre maritime, l'insurrection de Saint-Domingue qui survinrent, en privant la France de ses colonies orientales et occidentales, rendit plus évidente encore la faute d'imitation qui avait porté les Français à attirer à eux et à donner de grands perfectionnemens à une industrie qui mettait en œuvre une matière première étrangère. Ce n'était pas la fabrication des étoffes de coton qu'il fallait chercher à encourager préférablement en France ; mais celle des tissus de lin, de laine, de soie dont la matière première est indigène, et qui pouvaient, à l'aide d'un peu d'esprit national, être mises également en vogue comme remplissant à peu près le même objet et propres aux différentes saisons. Une telle préférence eût servi les intérêts de l'agriculture comme ceux de l'industrie. Mais la révolution avait donné le plus grand élan aux arts : de magnifiques établissemens avaient été formés à l'imitation des Anglais, et pour un génie créateur, il en est mille qui suivent plus facilement la route qui leur a été tracée. Une telle création d'ailleurs eût demandé du repos et du temps, et alors l'agitation était universelle....

« Quelque étonnante que soit cette révolution ainsi opérée en Europe, les Anglais travaillent depuis quelque temps à en opérer une qui sera bien plus extraordinaire encore, etc., etc. »

3

prétention d'en déboucher les produits à l'étranger. Le sucre brut, par exemple, est une marchandise de fort encombrement, et dont, par conséquent, le transport fait à de plus grandes distances occasione des frais qui sont toujours au détriment de la fabrication. Le raffineur des frontières maritimes peut donc éviter ces frais de transport sur la matière brute, et envoyer dès-lors dans l'intérieur la matière raffinée, qui pèse beaucoup moins, à meilleur prix. Et qu'on ne méconnaisse pas qu'ici l'avantage est bien plus considérable encore, si l'on prend en considération les débouchés de l'étranger. Il n'est guère que le soufre qui, dans sa transformation en acide sulfurique, sorte de cette catégorie, parce qu'ici la matière brute est moins pesante de plus de moitié que la matière convertie en acide, qui, par la grande quantité d'eau absorbée, acquiert un poids de plus, presque triple (*).

Nous ne pousserons pas plus loin cet examen : il nous suffira d'ajouter que, sous ce rapport de plus, celui de l'industrie considérée en général et dans le plus grand intérêt de l'état, les partisans des entrepôts à l'intérieur ont encore exagéré les avantages qui doivent provenir de ce nouveau système.

(*) On nous opposera, sans doute, que dans l'intérieur la main-d'œuvre peut être à plus bas prix, ce qui doit compenser l'économie des transports ; et néanmoins, Marseille voit en général prospérer un grand nombre de fabriques établies dans son enceinte : on peut trouver d'ailleurs, dans le voisinage, des pays où la main-d'œuvre soit également à bas prix.

§ IV.

DES ENTREPOTS INTÉRIEURS,

CONSIDÉRÉS DANS L'INTÉRÊT DE L'ÉTAT.

Pour peu qu'il résulte, des paragraphes précédens, que les entrepôts, en général, sont hors du droit naturel et peuvent être limités par le droit civil;

Que les entrepôts maritimes sont encore nécessaires à notre navigation ;

Que ceux de l'intérieur seraient une faveur inutile, qui pourrait même devenir nuisible par la concurrence qu'ils amèneraient sur nos propres marchés de denrées exotiques ou de produits étrangers contraires à notre industrie,

Il s'ensuivra naturellement que la mesure proposée n'a rien qui puisse favoriser les véritables intérêts de l'état.

L'état, a-t-on dit, n'a aucun intérêt à percevoir des droits de consommation au détriment du commerce, de la navigation et de l'industrie.

« C'est pourtant ce qu'il est forcé de faire,
« ou plutôt ce qu'il a fait, avant même que la
« consommation ait été éprouvée, lorsqu'il ar-
« rive qu'une quantité quelconque de marchan-
« dises *emprisonnée* dans l'intérieur par l'ac-

« quittement des droits, se trouve excéder les
« besoins de la consommation. »

On raisonne ici d'après une hypothèse qui
est d'autant moins admissible, que plus le nombre des entrepôts sera limité, et plus il sera
facile d'avoir des données exactes des quantités
de marchandises entrées dans la consommation,
et éviter dès-lors le cas qu'on dit appréhender.

Rendons la chose plus sensible par un exemple.

Le Havre, Paris, Orléans jouissent de la faveur d'un entrepôt; mais Tours en est privé.
D'abord, il est évident qu'avant de se livrer à
la spéculation, le négociant de Tours aura à
s'informer des quantités de marchandises sor-
ties des entrepôts du Havre, de Paris et d'Orléans; tandis que, dans l'ordre actuel, il lui
suffit (sur ce point) de prendre des renseignemens au Havre. Mais ces renseignemens acquis,
l'ambition de ce spéculateur lui a fait exagérer
l'importance de la consommation locale; et
voilà la marchandise également emprisonnée à
son détriment; dès-lors, il faut donc ou établir
des entrepôts partout dans l'intérieur (dépense
au-dessus de la portée de plusieurs villes), ou
s'attendre à voir objecter ces inconvéniens de
la part des négocians des lieux qui n'auront pas
été admis à la même faveur, ou qui n'auront
pas eu, en raison des dépenses à faire pour un

etablissement de ce genre, la possibilité d'en avoir aussi un.

Or, en l'état actuel, c'est ici le cas de rappeler la distinction que nous avons établie entre la spéculation faite par le négociant d'un port de mer, et celle pratiquée par le négociant de l'intérieur. La première a pour limites les débouchés et les marchés de tous les états voisins; la seconde, pour les denrées ou les produits étrangers, est limitée aux besoins plus pressans de la consommation locale. C'est surtout en ce sens, et lorsqu'il s'agit d'une denrée exotique soumise à de forts droits, que cette distinction ne doit pas être perdue de vue. Alors, loin d'avoir à perdre, l'état n'aura qu'à gagner; car il en résultera que le négociant des ports de mer, ou celui qui voudra profiter des avantages inhérens à ces ports, agira avec plus de connaissance de cause lorsqu'il spéculera sur des denrées exotiques, et que le commerçant ou le marchand de l'intérieur aura le même avantage, lorsqu'il spéculera sur les denrées indigènes.

Il en résultera encore que le spéculateur intermédiaire entre l'armateur et le marchand de l'intérieur deviendra plus rare; d'où il suit naturellement que le consommateur aura de moins à payer un spéculateur intermédiaire, dont l'action presque toujours inutile en ce cas, sans procurer aucun bien à l'état, a toujours lieu à la charge de la consommation; car, en dernier résultat, cet intermédiaire n'agit pas sans avoir la prétention d'un salaire, d'un lucre quelconque; et plus un tel intermédiaire deviendra inutile, plus la spéculation de l'intérieur, au lieu de se diriger vers une denrée exotique, aura pour objet une denrée indigène, ce qui contribuera, en outre, à favoriser l'agriculture du pays de préférence à celle du dehors.

Et quant à *l'emprisonnement* de la marchandise dans l'intérieur, la marchandise ne sera-t-elle pas toujours plus ou moins emprisonnée lorsqu'elle ne sera pas sortie de l'entrepôt intérieur? Sans doute, dans ce cas il y aura de moins l'avance du droit; mais n'y aura-t-il pas toujours, de plus que sur la marchandise de l'entrepôt maritime, les frais de transport du port de mer à l'entrepôt de l'intérieur, et ensuite ceux de cet entrepôt aux frontières de sortie? Comment, par exemple, pour les débouchés de l'Espagne, l'entrepôt de Paris pourrait-il soutenir la concurrence de celui de Bayonne; et pour les débouchés de la Suisse et de l'intérieur de l'Italie, celle de l'entrepôt de Lyon? N'importe, dira-t-on, la denrée entreposée n'aura pas acquitté les droits. Mais n'aurait-elle pas joui du même avantage, et, en outre, de l'économie des frais d'expédition et de transport dans l'entrepôt frontière?

Au fait : si l'on considère surtout, d'une part, la tendance parfois ambitieuse de l'armateur encore inexpérimenté ou peu fortuné, à agrandir la sphère de ses opérations, et de l'autre, la tendance beaucoup plus naturelle encore des capitalistes, banquiers ou négocians, à préférer les consignations, toujours lucratives et exemptes de tous risques de perte, à la spéculation qui en présente quelquefois, que sera l'entrepôt de Paris, en général, autre chose qu'un allèchement, s'il est permis de s'exprimer ainsi, pour les armateurs en question qui, en dernière analyse, devra être payé fort cher par ces armateurs, ainsi que tout ce qui s'est passé jusqu'ici n'a cessé de le prouver? On a observé, non sans étonnement, que les denrées coloniales étaient presque toujours à plus bas prix à Paris que dans nos ports, et l'expérience de ce fait nous amène à cette conséquence incontestable, que l'importation de ces denrées, faite par les négocians de nos ports, excède les véritables besoins de la consommation ; d'où il suit que l'action spéculative de Paris, en augmentant la concurrence des importeurs serait, en dernière analyse, plus nuisible qu'avantageuse à l'état.

Quant aux débouchés de l'étranger, il n'est pas moins incontestable que Paris peut y prétendre avec plus d'avantages, au moyen des entrepôts maritimes, puisque ces entrepôts sont plus près de ces débouchés que ne le serait celui de la capitale.

On remarquera de plus, ici, que l'imprudence ne serait pas moins préjudiciable à nos ports, alors qu'elle proviendrait de la plus grande facilité que donnerait l'entrepôt aux spéculateurs de Paris; car l'effet n'en serait pas moins une trop grande affluence de la denrée coloniale ainsi provoquée par la faveur de l'entrepôt, et la conséquence une perte certaine pour nos ports comme pour la capitale. — Chimère, dira-t-on : lorsque des spéculations donnent habituellement de la perte, on y renonce bien vite! On y renoncera moins vite à Paris que dans nos ports, parce que l'effet du jeu qu'on mettra plus ou moins en mouvement, sera plus facile dans l'un que dans l'autre endroit. De là, une foule d'inconvéniens qu'on a déjà discutés, et que, par ce motif, nous n'avons point à reproduire ici.

On a encore cité comme un avantage pour l'état, qui serait dû aux entrepôts de l'intérieur, l'exacte perception des droits et la répression de la fraude.

Admettons ces effets possibles, quoiqu'il ne fût pas difficile de présenter au moins des doutes et de prouver peut-être le contraire. Pour les obtenir, il faudra établir sur les lieux des préposés *ad hoc;* et indépendamment de ces nouveaux frais, voilà, dès-lors, les douanes à transporter des frontières dans l'intérieur.

§ V.

DES ENTREPOTS DE L'INTÉRIEUR,

CONSIDÉRÉS DANS L'INTÉRÈT DES PORTS DE MER.

Ici, en raison sans doute de la difficulté de la preuve, les partisans du système nouveau varient dans leurs moyens de défense. Les uns opposent l'intérêt général de la population à la prétention du commerce de nos ports (*).

Au cri d'alarme jeté par les chambres de commerce de Nantes, Bordeaux, le Havre, etc., ils répondent que 40 mille habitans de Nantes, 120 mille de Bordeaux et 20 mille du Havre, ne doivent pas jouir de tous les avantages, de toutes les facilités que l'on peut accorder au commerce et à la consommation, tandis que plusieurs millions d'habitans de Paris et autres villes de l'intérieur en seraient rigoureusement privés.

Singulier moyen, en premier lieu, de prouver que les entrepôts de l'intérieur feront la for-

(*) Ce moyen de défense eut été mieux placé ailleurs, mais je suis l'ordre de discussion établi par les partisans de l'entrepôt demandé pour Paris.

tune des négocians de nos ports ! Comment
n'a-t-on pas vu que ce raisonnement tend à
prouver, au contraire, que faire cesser en partie la faveur accordée aux ports de mer, est diminuer l'effet de cette faveur ?

Mais ensuite, le commerce maritime n'est-il
pas une industrie, ainsi que le commerce ma-
nufacturier ? Dès-lors, pourquoi le gouvernement ne ferait-il pas aussi quelque chose pour
l'industrie maritime, lorsqu'il impose fortement,
en faveur de l'industrie manufacturière, la population entière de la France ? La prohibition
des produits confectionnés étrangers, ou tout au
moins les droits exigés sur ces produits que
plus de trente millions de Français pourraient
acheter au-dehors à meilleur prix, sont-ils
donc autre chose qu'une forte imposition établie au profit de cette industrie sur l'entière
population du royaume, afin de favoriser un
petit nombre de fabricans français ?

Tout, dans l'ordre civil, ne comporte-t-il pas
des exceptions du genre de celles que nous dé-
fendons ? Pourquoi le siége du gouvernement,
celui des cours royales, des préfectures, des
sous-préfectures, des tribunaux, etc., etc., n'al-
terne-t-il pas dans chaque ville de département !
Toutes n'ont-elles pas le même droit à jouir des
avantages qui en proviennent ?

D'autres partisans du système nouveau vont

plus loin : ils ne voient qu'un faux calcul dans l'opposition du commerce maritime; ils avancent avec assurance que les entrepôts de l'intérieur vont enrichir les armateurs, les négocians, les courtiers, les fournisseurs, les marins, tous les agens, en un mot, qui concourent à l'exploitation du commerce maritime.

Quelle bienveillante sollicitude d'une part! quel étrange aveuglement de l'autre!

Malheureusement, les chambres de commerce du Havre, de Bordeaux, de Nantes et autres grands ports du royaume, convaincues du contraire, repoussent une espérance aussi flatteuse, et, en l'état actuel, ne voient dans la mesure proposée qu'une calamité dont elles redoutent infiniment les effets.

C'est ainsi que pour citer un exemple opposé, dans la discussion sur le commerce de l'Inde, plus je m'efforçais de prouver les avantages de la liberté de ce commerce, plus les partisans du privilége ne cessaient de soutenir que le commerce libre se ruinerait à cette exploitation.

Si, du moins, le commerce maritime français pouvait prétendre, toutes choses égales, aux transports à faire à l'étranger ! mais les résultats que nous avons déjà présentés font trop connaître notre infériorité de ce genre.

Nous venons de suivre la discussion dans l'ordre méthodique qu'a cru devoir lui donner la

ville de Paris, et qui a été adopté par l'un des
partisans le plus zélé et le plus éclairé du système
des entrepôts intérieurs. En traitant une matière aussi grave et d'un si haut intérêt pour
la navigation, l'industrie et le commerce de la
France, nous n'avons dû céder qu'à notre conviction, et nous l'avons fait avec franchise et
bonne foi. Si cette conviction nous a entraîné
à combattre l'estimable écrivain dont nous eus-
sions aimé à partager l'opinion, elle nous com-
mande tout aussi impérieusement de déposer ici
l'assurance, bien sincère, de tous nos égards
pour le caractère de l'auteur, et de toute l'es-
time qui est due à son ouvrage.

CONSIDÉRATIONS GÉNÉRALES.

Le commerce de Paris assure que l'entrepôt,
s'il lui est accordé, deviendra une source de
prospérités qui jaillira vers nos ports. De leur
côté, les négocians de nos ports ne voient dans
cette mesure qu'un élément désorganisateur de
leur commerce. Les richesses, dit-on d'une
part, doivent se répandre du centre à la circonférence; le centre, réplique-t-on, forme un
point unique dont la prospérité sera d'autant
plus grande, que tous les points de la circonférence concourront simultanément à l'accroître.
Dans cette divergence d'opinions, toutes fondées
sur des intérêts de localité, les partisans de

l'entrepôt de Paris ne manquent pas de citer l'exemple de Londres. « La prospérité du com- « merce de Londres, disent-ils, n'a rien enlevé « à Liverpool, à Manchester, à Birmingham, à « Edimbourg, à Glascow : toutes ces villes com- « merçantes ont marché d'un *pas égal* à la for- « tune ; que l'*entrée* de Paris dans la carrière « commerciale signale également le retour de « la prospérité de Bordeaux, de Nantes, de « Rouen, de Lyon, d'Orléans, etc. »

La participation *indirecte* de Paris au com- merce extérieur par mer, ne pourrait qu'être avantageuse sans doute à la capitale ; mais cette participation lui est déjà acquise au moyen des entrepôts actuels ; et pour qu'elle devînt directe, il faudrait que Paris jouît des mêmes avantages de localité de Londres. Londres a sur Paris des avantages particuliers et des avantages généraux qu'on perd ici de vue.

Londres est un immense port de mer. Paris, au contraire, « ne peut voir les marées de l'O- « céan battre ses quais ; » et les moyens arti- ficiels qu'on invoque pour suppléer à ce premier obstacle doivent être subordonnés, *en l'état actuel* de notre régime des douanes, à des me- sures préparatoires à prendre pour en atténuer l'effet.

Sous les rapports généraux, en premier lieu, l'Angleterre domine toutes les mers par les positions qu'elle est parvenue à s'y donner. La Grande-Bretagne possède un grand nombre de colonies florissantes dont il est de son intérêt de favoriser les approvisionnemens et les débouchés; ensuite, et c'est ici un des points sur lesquels nous insisterons le plus, les Anglais ont encore sur nous l'avantage d'un meilleur esprit public, d'une plus grande fixité d'opinions politiques, d'une indépendance nationale et ministérielle plus positives et moins soumises aux influences de tout genre de l'esprit de parti, de cet esprit entièrement subversif de toute prospérité nationale, qui fait que, dans certaines classes en France, on jalouse encore les succès du commerce et de l'industrie qu'en Angleterre toutes les classes de la société s'efforcent de favoriser. Et ici nous abordons franchement la question; car il faut savoir nous résoudre à annuler désormais les lois qui doivent nous régir, ou à prendre enfin la ferme résolution de les observer avec la plus rigoureuse exactitude.

Lorsque nous aurons obtenu cette parité d'avantages; lorsque l'esprit public aura été entièrement dégagé parmi nous des liens occultes qui le gênent et le fatiguent encore; qu'il sera parvenu au point où la capitale « cessera de voir dix feuilles se disputer la critique d'une pièce de théâtre qui mourra le lendemain, si elle n'est morte de la veille; lorsque le gouvernement, devenu plus prévoyant et l'industrie plus active, sauront donner suite à des découvertes faites en France, d'une importance telle que la machine à vapeur, dont nous avons abandonné à des étrangers le perfectionnement et le premier usage (*); lorsque les journaux les plus renommés, qui osent à peine traiter en ce moment quelque point de littérature sérieuse, n'hésiteront plus à aborder cette partie des sciences économiques, cet inventaire constant et régulièrement tenu à jour, des faits qui sont liés à l'existence sociale et aux conséquences qu'on peut en déduire (**), »

Alors, à l'instar des Anglais, « nous élèverons aussi une statue au ministre qui, le premier, aura découvert le moyen de faire fleurir le commerce et l'industrie durant la guerre encore plus que durant la paix. »

Alors aussi, avant de hasarder une mesure nouvelle dont l'annonce suffit pour provoquer de nombreuses oppositions, et dont l'exécution instantanée tendrait à exciter au moins une secousse très forte, nous commencerons par assurer les communications intérieures de tout genre qui devront concourir à la prospérité du

(*) Il est généralement reconnu aujourd'hui, que l'effet des machines anglaises mises en mouvement par la vapeur, équivaut à une force double et au-delà de celle de l'entière population du pays.

(**) Rodet.

commerce de nos ports, de concert avec celle des villes de l'intérieur.

Jusque-là, qu'on cesse donc de nous proposer toujours l'Angleterre pour exemple, ou qu'on veuille bien du moins ne pas perdre de vue la marche qu'elle a si utilement suivie pour ouvrir simultanément au commerce, à l'agriculture et à l'industrie, la brillante carrière qu'elle parcourt aujourd'hui.

Les premiers élémens de la prospérité actuelle de la Grande-Bretagne sont dus à lord Chatam, qui sut les mettre en œuvre pendant la guerre de sept ans. « En 1756, l'Angleterre ne possédait pas une seule ligne de navigation artificielle; elle n'avait pour communication, par terre, qu'un petit nombre de routes mal tracées et mal entretenues (*). »

A peine la première impulsion eût-elle été donnée à l'industrie, que tout concourut à en hâter les progrès. A Manchester, c'est un simple particulier qui fait creuser un canal pour le transport du produit de ses mines. Bientôt Liverpool s'élève aux plus hautes destinées; une voie navigable est ouverte entre la mer d'Irlande et l'Océan germanique. « D'autres vues plus étendues encore sont par degrés établies; et dans le court espace d'un demi-siècle, afin d'unir ensemble des mers opposées, des bassins

(*) Charles Dupin.

séparés par des chaînes nombreuses de collines
et de montagnes, des ports opulens, des villes
industrieuses, des campagnes fertiles et des mines inépuisables, un double système de canaux
pour la petite et pour la grande navigation,
présente un développement qui surpasse mille
lieues de longueur sur une portion de territoire qui n'est pas égale au quart de la France. »

La surface totale de l'Angleterre est à celle
de la France comme 15 est à 53, et sa population comme 141 à 302 (*).

« En Angleterre, la partie canalisée surpasse
la moitié du territoire; en France, elle n'en
égale pas la cinquième partie. Dans la partie
canalisée pour la même étendue de pays, le
développement des canaux est quatre fois moindre en France qu'en Angleterre; de sorte qu'en
comparant toute la France à toute l'Angleterre,
nous n'avons pas même, proportionnellement à
l'étendue des deux contrées, la vingtième partie
des canaux possédés par notre rivale (**). »

« La France va avoir cinq lieues de route
de fer, et les Anglais en ont cinq cents. La
France a 12 ou 15 compagnies pour des na-
vigations artificielles, et les Anglais en ont plus
de cent. »

Que si nous opposons aux brillans effets d'une

(*) Rodet.
(**) Charles Dupin.

émulation plus générale et plus active, le tableau de ce qui se passe d'analogue en France, combien ne devrons-nous pas en être péniblement affectés !

En Angleterre, les grands propriétaires, loin de voir avec indifférence les perfectionnemens, les inventions propices à l'industrie et favorables au commerce, les encouragent de tous leurs efforts et d'une grande partie de leur fortune. Là, c'est un duc de Bridgewater; ici, un duc de Portland qui conçoivent les entreprises les plus vastes, et qui, en raison de leur immense fortune, suffisent seuls à ces vastes travaux.

En France, si quelques particuliers plus actifs ou plus zélés réunissent leurs moyens pour l'exploitation d'une grande et belle entreprise, mille rivalités jalouses, une indifférence nuisible à la prospérité de l'état, des prétentions fiscales souvent exorbitantes, énervent les opérations, paralysent leurs succès, et ne laissent parfois à celui qui a conçu le plan le plus utile, que le regret de l'avoir entrepris, accru de la perte totale ou partielle de sa fortune. D'immenses marais étaient à défricher dans le Dauphiné et dans une partie du Bas-Languedoc. Les premiers, ceux de Bourgoing, ont occasioné à leurs actionnaires primitifs une perte énorme, à la suite de vingt années de travaux et de dépenses considérables. En vain les concessionnaires se sont-ils rendus généreusement solidaires, cet acte de loyauté de leur part ne leur a pas valu le moindre secours, le moindre encouragement de la part du gouvernement, et ils ont été contraints de se dessaisir de leur propriété après y avoir perdu une grande partie de leur fortune.

En Languedoc, il a fallu qu'une dame anglaise vînt tenter l'entreprise du dessèchement de l'étang de Villenouvette, sur lequel les anciens états de la province avaient dès long-temps cherché à fixer l'attention de leurs concitoyens.

Les communications d'une rive à l'autre du Rhône, entre Tain et Tournon, sont restées incomplètes jusqu'à 1823. Les propriétaires riverains reconnaissaient depuis très long-temps la nécessité d'un pont qui ne pouvait être bien coûteux sur ce point rétréci du fleuve; mais aucun d'eux n'osait l'entreprendre : il a fallu qu'un étranger exécutât une entreprise aussi utile.

La communication de la Méditerranée à l'Océan ne reste-t-elle pas encore incomplète par le défaut d'un canal de Céte à Agde, qui obvie aux dangers et aux inconvéniens du passage de l'étang de Thau ?

A travers une telle insouciance pour tout ce qui est étranger à des entreprises présumées plus avantageuses, et les appréhensions occasionées par des premiers insuccès, il est digne des chambres de commerce de France de prendre l'initiative sur les utiles et importans travaux qui pourraient être entrepris dans leurs arrondissemens respectifs; et ce Mémoire, qui doit être soumis à leurs méditations, a autant pour objet, il faut le dire ici franchement, de réfuter (pour le moment) la demande particulière de la ville de Paris, que d'exciter une émulation plus louable, laquelle en stimulant un zèle plus général, mette ces diverses chambres à même de présenter au gouvernement l'ensemble des besoins de tout genre, et des améliorations à obtenir sur toutes les parties du territoire de la France. Ce premier travail terminé, et il l'est déjà en grande partie; car il est peu de départemens qui n'aient déjà aperçu et fait connaître leurs besoins particuliers dans l'intérêt général du commerce, de l'agriculture et de l'industrie; un soin plus important devrait être réservé aux chambres de commerce, celui d'indiquer aux ministres de l'intérieur et du commerce, les moyens d'exécution qui pourraient être mis en usage. Mais ces grands résultats, si importans à obtenir, paraissent être de nature à être discutés et mûris, avant d'être officiellement présentés. Et ici, nous ne pouvons disconvenir que malgré l'excédent des moyens que semblent présenter aujourd'hui les députations des départemens, le conseil général du

commerce et des manufactures, et d'autres ressources ou d'autres établissemens de cette nature, nous n'apercevions une lacune par le
manque de missions spéciales à cet effet. Un
ministère du commerce et des manufactures a
été institué depuis peu ; c'est au ministre éclairé
qui le régit à décider si les anciens députés
des villes et des colonies ne pourraient pas être
rétablis avec plus d'efficacité et des moyens plus
utiles dans l'intérêt public qu'autrefois (*). Le
moyen suggéré à cet égard tendrait à faire de
ces députés particuliers, des rapporteurs des
chambres aux ministères du commerce et de l'intérieur, pour tout ce qui a trait au commerce
et à l'agriculture ; et une telle mission ne serait pas sans utilité si elle était remplie avec
zèle.

Dans tous les cas, une grande tâche est réservée
au ministère actuel qui saura la remplir. « C'est
« d'encourager, c'est d'exciter partout cette ému-
« lation utile et généreuse qui, en changeant la
« face de tout un territoire, parvient à faire
« naître, à la fois et de toutes parts, les pro-
« diges des arts et de la civilisation (**). »

Mais, en attendant que ces heureux résultats
aient été provoqués et obtenus, serait-il pru-

(*) Voyez le tableau de ces députés en petit nombre, inséré dans
l'almanach royal de 1789, f° 559.

(**) Charles Dupin.

dent de tenter une mesure incertaine qui, en *l'état actuel,* paraît devoir être plus favorable aux joueurs, dont l'agiotage des effets publics peuple habituellement la bourse de Paris, qu'aux véritables intérêts du commerce maritime; mesure que les négocians de nos ports repoussent à grands cris, parce qu'au lieu des chances lucratives qu'on s'efforce de faire briller à leurs yeux, ils n'y voient en ce moment que des chances contraires ?

De tous les moyens qui ont été mis en avant dans la discussion relative aux entrepôts, le plus puissant a été fourni aux partisans du système nouveau par M. Ferrié, ancien directeur général des douanes, qui, néanmoins, s'est abstenu de prononcer sur la question, ne l'ayant pas trouvée suffisamment instruite.

Dans *l'ordre naturel* (*), a dit cet administrateur, plus le consommateur est éloigné de la main du fisc, plus il paie cher la denrée sujette à l'impôt, et c'est la conséquence nécessaire de l'obligation où se sont trouvés les vendeurs successifs de se rembourser de l'avance du droit accru de l'intérêt de l'argent. *Théoriquement,* ce serait donc une chose excellente qu'on pût établir des entrepôts, non-seulement à Paris, mais dans toutes les villes de grande consommation.

(*) Dans l'ordre naturel, nous le répétons ici, il n'y a pas de fisc, et c'est, il nous semble, dans l'ordre *actuel* qu'il fallait dire.

Le seul obstacle, ajoute M. Ferrié, serait la dépense à faire pour former cet établissement.

Cette concession est ici par trop limitée ; aussi l'auteur a-t-il cru pouvoir développer plus loin ce qu'il fallait entendre par ces mots en l'ordre *naturel* et *théoriquement*.

Sans doute, en théorie, le principe n'est pas douteux, et il le serait encore bien moins, ainsi que nous avons déjà eu occasion de le dire, si, au lieu d'entrepôts qui s'éloignent de l'ordre naturel, on supprimait les droits, ce qui y rentrerait. Alors le consommateur se trouverait non-seulement plus rapproché, mais encore hors la main du fisc.

De ce qu'il en serait ainsi généralement, alors nos armateurs rentreraient dans l'ordre naturel dans toute sa plénitude, c'est-à-dire, qu'ils pourraient jouir de tous les avantages qui sont inhérens aux ports de mer ; car là seulement on pourrait toujours trouver la marchandise dégagée de toute espèce de frais de transport autres que ceux indispensables pour la faire arriver de l'étranger à l'entrée du royaume ; là seulement, le plus petit marchand serait toujours assuré de pouvoir se la procurer de la première main, et d'éviter ainsi l'excédant de prix que doit toujours occasioner le spéculateur, quel qu'il soit, qui ne s'interpose jamais gratuitement entre le premier vendeur et la consommation.

Mais, encore une fois, de forts droits sont une exception à l'ordre naturel; et dès-lors, puisque vous atténuez par là les avantages qui émaneraient de cet ordre naturel, il faut bien indemniser ceux que vous en privez.

Eh quoi! les Anglais, dans l'intérêt de leur industrie manufacturière, ont maintenu pendant plus d'un demi-siècle les prohibitions les plus exclusives; et nous qui, à la suite d'une longue guerre maritime avons vu pourrir dans nos ports tous nos navires; nous qui, après une longue interruption de navigation, manquons encore de marins suffisamment exercés; nous, qui avons vu les capitaux, anciennement répandus dans nos ports, dissipés ou ayant pris une direction nouvelle, nous refuserions à l'industrie maritime non un privilége, car les entrepôts de nos ports sont ouverts aux spéculations de toutes les parties de la France, mais un encouragement *momentané* qui place ces entrepôts sur les points les plus rapprochés possibles des grandes consommations de l'intérieur, et les moins éloignés des grands débouchés de l'étranger! Non, le cri d'alarme et de détresse jeté par le commerce maritime, ne fût-il fondé que sur des appréhensions exagérées, il faudrait encore le prendre en considération! et en de telles circonstances comment ces appréhensions ne seraient-elles pas fondées, lorsque l'opposition à la mesure proposée est unanime dans tous nos ports de mer?

En attendant que les grands et nombreux travaux qui nous restent à faire dans l'intérieur de la France, pour y rendre plus faciles et plus économiques des communications, des entreprises et des exploitations jusqu'ici trop négligées, ainsi que nous en avons rapporté les preuves, n'est-il donc aucun autre moyen de produire l'effet qu'on attend des entrepôts intérieurs, sans décourager autant le commerce maritime?

Privés des instructions que nous pourrions puiser à cet égard dans des communications immédiates, ou du moins plus rapprochées du ministère, nous croyons devoir présenter aux chambres de commerce du royaume quelques idées que nous soumettons à leurs lumières, essentiellement compétentes sur ce point.

MODE DE LÉGISLATION COMMERCIALE PROPOSÉ.

Il fut un temps où la France recevait annuellement de ses colonies d'Amérique, en sucre, café, indigo et autres articles, pour près de 200 millions de francs, dont 140 à 150 millions étaient revendus à l'étranger.

Alors, comme aujourd'hui, notre législation coloniale défendait aux étrangers de trafiquer dans ces îles, et assujettissait nos colons à envoyer directement leurs denrées dans la mé-

tropole. Cette législation est évidemment op-
pressive, comme une grande partie des lois qui
sont dictées par un sentiment d'égoïsme ou d'intérêt privé. Aujourd'hui où vu l'état et le
petit nombre de ces colonies, un essai peut
être tenté avec moins de danger, pourquoi ne
donnerions-nous pas l'exemple d'une politique
plus juste? pourquoi ne laisserions-nous pas aux
habitans de nos colonies, qui sont Français comme
ceux de la métropole, la faculté de commercer
à certaines conditions avec l'étranger? Dès-lors,
en retour de cette concession, nous pourrions
aussi, dans l'intérêt de notre consommation intérieure, diminuer de moitié les droits qui se
perçoivent sur le café et autres denrées coloniales. Ainsi affranchies des liens que nous leur
imposons, nos colonies verraient leur commerce
s'accroître; ainsi favorisés par une forte diminution de droits, nous étendrions également
les limites de nos consommations de ce genre,
en donnant un attrait de plus à notre commerce
de spéculations intérieures. Une considération à
méditer se présente ici à ce sujet. De toutes les
colonies espagnoles d'Amérique, l'île de Cuba
est la seule qui soit restée fidèle à la métropole,
et c'est la seule aussi qui n'ait pas été soumise
au monopole. D'autres réflexions émaneraient
du sujet, qui peuvent être pressenties, et dont
par ce motif nous nous abstiendrons de parler.

CONCLUSION.

Toutes les grandes questions commerciales sont susceptibles d'être plus ou moins controversées, parce qu'elles donnent toujours lieu à des prétentions opposées, et que le plus souvent on discute des intérêts personnels avec le vague du raisonnement. En l'état actuel, d'ailleurs, ces sortes de questions reposent sur des situations qui ont été plus ou moins modifiées par un régime fiscal plus ou moins indispensable, et dès-lors plus ou moins perfectionné, ou plus ou moins erroné. La question des entrepôts de douanes à établir dans l'intérieur du royaume, élevée par la ville et le commerce de Paris, est éminemment dans ce cas.

Ici, si l'on argue de l'égalité des droits, nous ne dissimulerons pas que Paris n'ait peut-être autant de titres à avoir un entrepôt que le Havre ou tout autre port; mais, est-ce à Paris à invoquer ce principe, même abstraction faite de tant d'autres considérations qui lui sont relatives?

Y a-t-il donc égalité de droits entre la seule ville de France qui soit exempte de l'odieux exercice des droits réunis, et toutes celles du royaume qui y sont assujetties?

Y a-t-il donc égalité de droits entre la seule ville de France qui, au mépris de la loi si formelle du 23 janvier 1790, est dispensée de loger les gens de guerre, et toutes les autres villes du royaume qui en ont la charge, même après avoir payé les frais de construction de citadelles et de casernes?

Que Paris, regorgeant de population, d'or, d'honneurs, de prérogatives et de bienfaits exceptionnels de tout genre de la part du gouvernement, cesse donc d'envier à nos ports un avantage qui est inhérent à leurs localités, et dont, en l'état actuel, il serait, sinon injuste, du moins nuisible de les dépouiller.

Eh! qu'on ne s'y trompe pas : les négocians des ports de mer, plus constamment livrés à des méditations commerciales, n'opposeraient pas à l'établissement des entrepôts intérieurs autant de résistance, si ces établissemens devaient contribuer à leur prospérité aussi efficacement qu'on essaie de vouloir le prouver.

Continuer à maintenir ce qui existe, est donc une mesure de prudence d'autant plus indispensable en ce moment, que les entrepôts maritimes sont constamment ouverts aux capitaux de Paris, comme à ceux de toutes les villes de l'intérieur de la France.

Continuer à maintenir ce qui existe, est donc d'autant plus à propos, que l'intérêt de nos ports et la nécessité d'accroître notre marine le commandent impérieusement, ainsi que nous croyons l'avoir démontré.

Continuer à maintenir ce qui existe, est donc d'autant plus indispensable, que c'est le seul moyen de retenir aux frontières les lignes de douanes dont, pour complaire à Paris, il faudrait, avec les entrepôts, fatiguer l'intérieur de la France.

FIN.

POST SCRIPTUM.

J'ai cru inutile de répéter ici le cri de plainte qui s'élève de tous les départemens de la France contre l'absorbtion envahissante d'une grande partie de leurs prospérités par Paris, et, d'autre part, laissant de côté tout ce qui tient à la politique, je me suis borné à envisager la question sous des considérations purement commerciales.

Sous le premier rapport, il serait néanmoins assez curieux d'avoir des données approximativement exactes de tous les capitaux qui circulent habituellement dans Paris, comparativement à ceux qui sont destinés à vivifier le reste de la France. Du reste, il va sans dire, à cet égard, que le trop plein des prospérités de la capitale doit reverser dans les départemens; et que dèslors, les départemens auraient tort de ne pas désirer que Paris fût constamment dans l'état le plus prospère.

Sous le second rapport, celui de la politique, est-il donc bien convenable d'accumuler ainsi sur un seul point la plus grande partie de la fortune mobilière d'un royaume? Constantinople était anciennement dans ce cas, lorsque les Latins y arrivèrent sans projets qu'elle dut redouter; et Constantinople prise, l'empire grec qui jusque-là brillait au premier rang parmi les peuples civilisés, s'écroula de toutes parts. Guillaume III compta sur le dévouement de Londres; et à peine se fut-il présenté devant ses murs, que Jacques II se vit contraint de céder la couronne à l'ambitieux époux de sa fille!

D'autres exemples de ce genre pourraient être présentés ici; mais ils sont trop récents pour qu'il soit nécessaire d'en rappeler le souvenir.

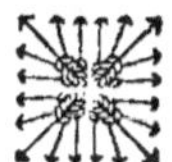

IMPRIMERIE DE MARIUS OLIVE, A MARSEILLE.